El rojo es el mejor

Texto Kathy Stinson
Ilustraciones Robin Baird Lewis

Ediciones Ekaré

Mamá no sabe nada del rojo.

Quiero ponerme mis medias rojas.

Mamá me dice: —Tus medias blancas se ven bien
con ese vestido. Póntelas.

Pero con mis medias rojas puedo saltar más alto.

Mis medias rojas me gustan más.

Quiero ponerme mi chaqueta roja.

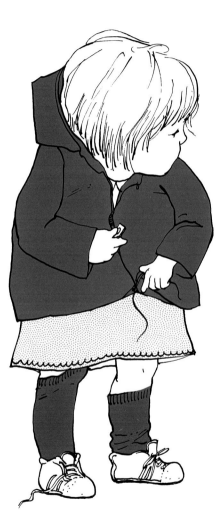

Mamá me dice: —Está lloviendo.
Ponte tu chaqueta azul.

Pero con mi chaqueta azul no puedo ser Caperucita Roja.

Mi chaqueta roja me gusta más.

Quiero ponerme mis cholas rojas.

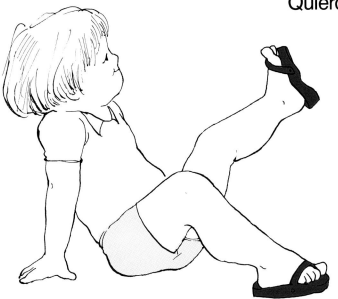

Mamá me dice:
–No te pongas
tus cholas rojas.
Son para la playa.

Pero con mis cholas rojas chancleteo mejor.

Mis cholas rojas me gustan más.

Mamá me dice: —Tu traje de baño rojo
ya no te sirve. Ponte el nuevo.

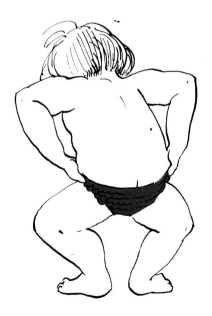

Pero mi traje de baño rojo me gusta más.

Quiero ponerme mi pijama roja.

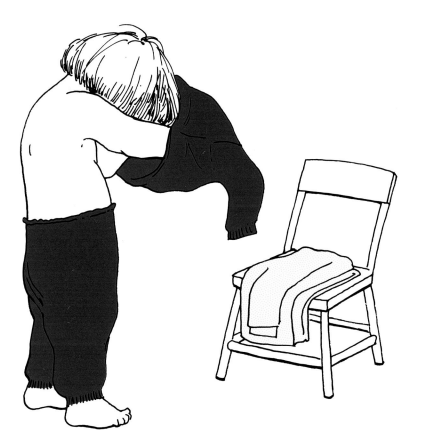

Mamá me dice: —Tu pijama amarilla es más calientica.

Pero ella no sabe que mi pijama roja
espanta a los monstruos.
Mi pijama roja me gusta más.

Quiero mi jugo en el vaso rojo.

Mamá me dice: –¡Ay, Isabella! ¿Cuál es la diferencia?
Ya te serví en el vaso verde.

Pero el jugo sabe mejor en el vaso rojo.

El vaso rojo me gusta más.

Quiero ponerme mis ganchitos rojos.

Mamá me dice: —Ponte los ganchitos rosados
con tu vestido rosado.

Pero con mis ganchitos rojos me veo preciosa.

Mis ganchitos rojos me gustan más.

Quiero pintar con el rojo.

Mamá me dice: –Pero Isabella, no queda casi pintura roja.
¿Por qué no usas otro color?

Pero con el rojo siento ganas de cantar.

La pintura roja me gusta más.

Me gusta el rojo, porque el rojo es el mejor.

© 1982 Kathy Stinson (Texto)
© 1985 Ediciones Ekaré
Av. Luis Roche, Edif. Banco del Libro,
Altamira Sur, Caracas, Venezuela.
Título original: **Red is the best**
Publicado originalmente por Annick Press, Ltd.
Toronto, Canadá, M2M, IKI
Traducción: Clarisa de la Rosa y Kiki
Todos los derechos reservados
ISBN 980-257-087-7
HECHO EL DEPÓSITO DE LEY
Depósito Legal lf1511998800774
Impreso por Exlibris

01 02 03 04 05 06   13 12 11 10 9 8